PIMENTA JIQUITAIA BANIWA

FOIRN Federação das Organizações Indígenas do Rio Negro

OIBI ORGANIZAÇÃO INDÍGENA DA BACIA DO IÇANA

Instituto Socioambiental

SÃO GABRIEL DA CACHOEIRA - SÃO PAULO
2016

PIMENTA JIQUITAIA BANIWA © OIBI

PESQUISADORES E COLABORADORES BANIWA Aloncio Garcia (Esc. Mádzeero/ Coordenador Indígena da pesquisa pela Oibi); André Fernando Baniwa (Diretor Presidente da Oibi); Adélia Brazão da Silva (Esc.Parattana/Bolsista JCA); Carina da Silva Valencia (Esc. Walipere Dakenai/Bolsista JCA); Carlos da Silva (Esc.Walipere Dakenai/Bolsista JCA); Silvia Garcia d Silva (Esc. Mádzeero/Bolsista JCA); Edson José Garrido (Esc. Eenawi/Bolsista JCA); Ronald Camico Amaro (Esc. Parattana/Bolsista JCA); Elton José da Silva (Esc. EIBC-Pamáali/Bolsis JCA); Justina da Silva Lopes (Esc. Walipere Dakenai/Bolsista JCA); Paula Florentino da Silv (Esc. EIBC-Pamáali/Bolsista PJCI); Jovelino Pereira (Esc. Walipere Dakenai/Bolsista JCA), Vanira Garcia Guilherme (Esc. EIBC-Pamáali/ Bolsista JCA); Ronaldo Apolinário e Osinete Paiva (Gerentes da Casa da Pimenta Dzooro/Tunui Cachoeira); Orlando Andrade Fontes e Graciela Paiva (Gerentes da Casa da Pimenta Manowadzaro/Ucuqui Cachoeira); José Brazão Fátima Camico (Gerentes da Casa da Pimenta Pamáali/Escola EIBC); Leonardo Garcia e Patricia Garcia (Gerentes da Casa da Pimenta Dzooro/Tunui Cachoeira); Ivan Laureano e Juli Aurora (Gerentes da Casa da Pimenta Tsitsiadoa/Yamado); Alfredo Feliciano Miguel Brazão (Gerente de Comercialização/Oibi); Armindo Feliciano Miguel Brazão (Gerente de Comercialização/Oibi).

COORDENAÇÃO DA PESQUISA E TEXTO FINAL Adeilson Lopes da Silva/ISA (Bolsista PAII)

COORDENAÇÃO ADJUNTA DA PESQUISA Laise Lopes Diniz/ISA e Aloncio Garcia/Oibi

EDIÇÃO DE FOTOS Adeilson Lopes da Silva e Beto Ricardo

PESQUISA E TRATAMENTO DE IMAGENS Claudio A. Tavares/ISA, Vivian Sena de Oliveira/ISA

FOTOS DA CAPA © Beto Ricardo/ISA; © Roberto Linsker/Terra Virgem

MAPAS Renata Alves/ISA, William Pereira Lima/ISA

DESIGN GRÁFICO Sylvia Monteiro

EDITORAÇÃO Vera Feitosa/Duo Projetos Gráficos

APOIO À REDE DE CASAS DA PIMENTA

Instituto Bacuri · ATA · TIDES What's possible

APOIO PARA A IMPRESSÃO Regnskogfondet Rainforest Foundation Norway

A renda proveniente da venda desta publicação reverterá integralmente para a manutenção e ampliação da Rede de Casas da Pimenta Baniwa.

ADVERTÊNCIA

Lei Federal Nº 13.123/2015 - Marco Legal da Biodiversidade

Art. 8º Ficam protegidos por esta Lei os conhecimentos tradicionais associados ao patrimônio genético de populações indígenas contra a utilização e exploração ilícita.

Art. 11. Ficam sujeitas às exigências desta Lei: o acesso ao patrimônio genético ou ao conhecimento tradicional associado e a exploração econômica de produto acabado ou material reprodutivo oriundo de acesso ao patrimônio genético ou ao conhecimento tradicional associado.

Dados Internacionais de Catalogação na Publicação (CIP)
(Câmara Brasileira do Livro, SP, Brasil)

Pimenta jiquitaia baniwa. -- São Paulo : Instituto Socioambiental; São Gabriel da Cachoeira, AM : OIBI ; Rio Negro : FOIRN, 2016.

Vários colaboradores.

1. Índios Baniwa 2. Índios da América do Sul - Brasil - Amazônia - Rio Negro 3. Pimenta jiquitaia 4. Pimenta jiquitaia - Cultura - Brasil.

16-07237 CDD-980.3

Índices para catálogo sistemático:
1. Pimenta jiquitaia : Índios Baniwa : América do Sul 980.3

SUMÁRIO

Comunidade Baniwa de Tucumã Rupitá, rio Içana

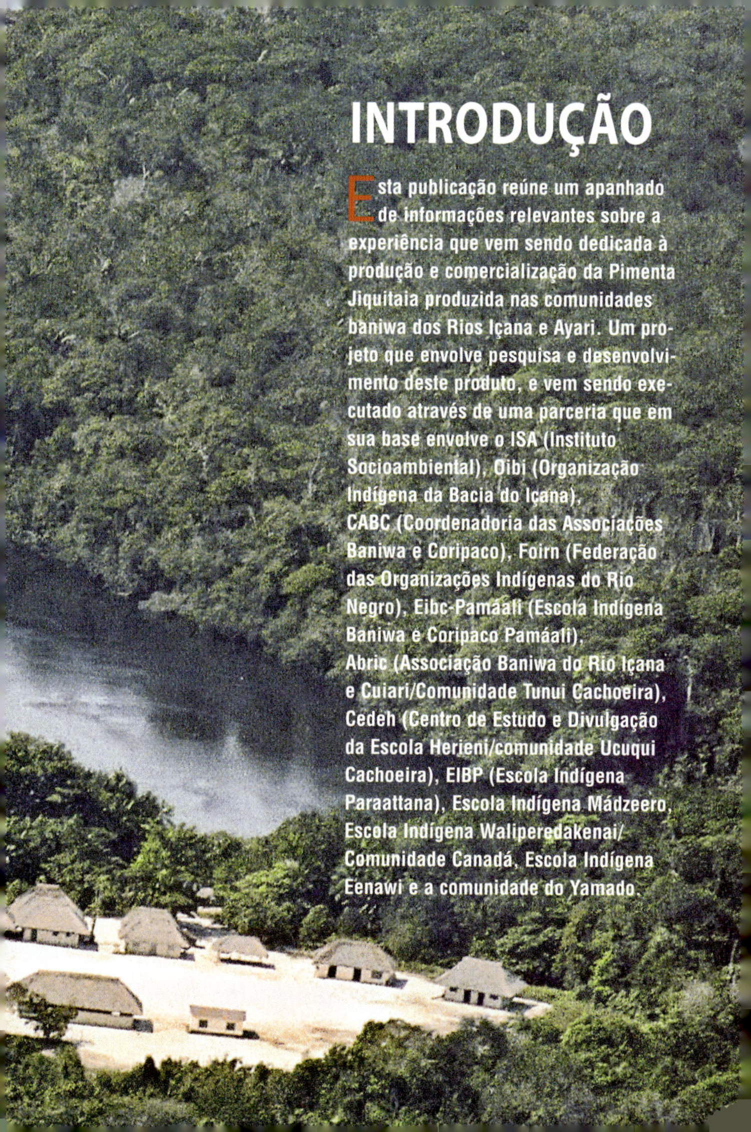

INTRODUÇÃO

Esta publicação reúne um apanhado de informações relevantes sobre a experiência que vem sendo dedicada à produção e comercialização da Pimenta Jiquitaia produzida nas comunidades baniwa dos Rios Içana e Ayari. Um projeto que envolve pesquisa e desenvolvimento deste produto, e vem sendo executado através de uma parceria que em sua base envolve o ISA (Instituto Socioambiental), Oibi (Organização Indígena da Bacia do Içana), CABC (Coordenadoria das Associações Baniwa e Coripaco), Foirn (Federação das Organizações Indígenas do Rio Negro), Eibc-Pamáali (Escola Indígena Baniwa e Coripaco Pamáali), Abric (Associação Baniwa do Rio Içana e Cuiari/Comunidade Tunui Cachoeira), Cedeh (Centro de Estudo e Divulgação da Escola Herieni/comunidade Ucuqui Cachoeira), EIBP (Escola Indígena Paraattana), Escola Indígena Mádzeero, Escola Indígena Waliperedakenai/Comunidade Canadá, Escola Indígena Eenawi e a comunidade do Yamado.

A pesquisadora baniwa Justina Lopes, da comunidade de Canadá do rio Ayari, realiza um censo de pimenteiras de uma roça. © Dylan Gross, 2008

A iniciativa de pesquisa que gerou a maior parte das informações aqui retratadas foi apoiada pela Fapeam (Fundação de Amparo à Pesquisa do Amazonas), através do Programa Jovem Cientista Amazônida (Edital 010/2006 - Chamada II). Intitulado "Projeto Pimentas na Bacia do Içana-Ayari: bases para a sustentabilidade da produção e comercialização", a pesquisa desenvolveu-se entre 2007-2009 a partir de uma demanda de P&D apresentada na assembleia anual da Oibi em 2005. Foi assumida pela equipe do ISA em articulação com pesquisadores indígenas de cinco escolas da região, que por sua vez se articularam diretamente com cerca de 27 comunidades da bacia. Os resultados (Silva, 2010) constituem uma linha de base para monitoramento dos impactos do projeto em diferentes âmbitos como: a diversidade e distribuição da variedade de pimentas pela bacia, a rotina diária e uso do tempo por parte das mulheres produtoras, a produtividade e ainda a circulação de material genético pelas redes de intercâmbio existentes no território baniwa.

Os **Baniwa** são um povo indígena de língua Aruaque, com uma população total aproximada de 15 a 18 mil pessoas. Vivem em cerca de 200 comunidades e sítios, como parte do complexo cultural do noroeste amazônico, nas cabeceiras da bacia do Rio Negro, entre Brasil, Colômbia e Venezuela. No Brasil, os Baniwa são os ocupantes milenares da bacia do rio Içana, onde estão localizadas 95 comunidades e sítios que abrigam entre 7 a 8 mil pessoas. Os Baniwa subdividem-se em fratrias, representados como irmãos entre si, que mantêm relações de intercâmbio cultural e material baseadas sobretudo em trocas matrimoniais (Wright, 1990; Garnelo, 2002). As principais fratrias são os *Waliperedakenai* (Netos das Plêiades), *Hoohodene* (Netos de Inambu/Filhos do Sol), *Dzawinai* (Netos dos Jaguares) e Coripaco, com seus subgrupos *Komadaminai* (Netos de Pato), *Kapittiminanai* (Netos de Quati) e *Padzowalieni*. Cada fratria se constitui a partir de unidades menores, os Sib's ou clãs. Os Baniwa ainda mantêm estreitas relações de trocas matrimoniais com grupos Cubeo e Wanano, vigentes sobretudo nas cabeceiras do Rio Ayari.

JIQUITAIA
O QUE É, QUEM FAZ

Jiquitaia (ou *juquitaia, giquitaia, jiquitaya, jektaia*): é uma palavra de origem tupi para referir-se a uma mistura em pó de sal (*yukí*) com pimenta (*taya*) (CUNHA, 1924). Pode variar ainda como *iekitáia* ou *iukitáia* (STRADELLI, 2014).

Em língua baniwa os termos usados para referir-se à jiquitaia são *aatti iipepe* (pimenta seca) e, principalmente, *aatti itodakape* (pimenta pilada). *Aatti*, em baniwa, designa pimenta. A semelhança com a palavra *ají*, do espanhol, se deve a origem Taino, *haxi* ou *axi*, desta. Os Baniwa são parentes aruaque dos Taino, povo que ocupava as ilhas do Caribe quando Colombo entrou em contato pela primeira vez com essas plantas levando-as, junto com a terminologia aruaque, ao continente europeu.

Mulher baniwa em sua roça colhendo pimentas. © Beto Ricardo/ISA, 2013

Outros povos nativos do Rio Negro e da Amazônia produzem e usam jiquitaia como ingrediente essencial da sua culinária (NASCIMENTO-FILHO ET AL., 2007).

Não confundir: na Amazônia, o termo jiquitaia também designa uma minúscula formiga avermelhada, não-comestível, do gênero *Solenopsis*, que forma colônias em locais como roças, capoeiras e telhados de palha. Sua picada é bastante dolorosa, queimando como pimenta, sensação que pode estender-se por até três dias.

Cuia com frutos de pimenta.
© Roberto Linsker/Terra Virgem, 2013

Ao lado, "palheta" de jiquitaias de diferentes cores e texturas sobre beiju de mandioca.
© Rogério Assis, 2010

ORIGEM E SIGNIFICADOS CULTURAIS

Pimentas do gênero *Capsicum* são seguramente alguns dos mais emblemáticos componentes da agrobiodiversidade manejada no território baniwa. Estão imbricadas de significados que vão muito além do valor nutritivo, culinário, cosmético, ocupando papel de destaque no sistema social e cosmológico deste povo.

Segundo manifestam os próprios Baniwa:

"A pimenta está no centro da nossa cultura, no centro da nossa alimentação, no centro da nossa formação tradicional, no centro da nossa medicina de proteção contra espíritos maléficos que atacam os homens, no centro da transmissão de conhecimento e ética baniwa. Existem vários episódios em que o Ñapirikoli [o grande herói mítico baniwa] usou a pimenta para cozinhar alimento. Por isso, hoje, nós walimanai [a humanidade que povoa o mundo atual], a usamos no dia-a-dia. A pimenta nos dá saúde, nos protege. Ela é nosso remédio de todos os dias. " (Oibi/Abric/ISA/Foirn, 2013).

DE *ÑAPIRIKOLI* PARA A HUMANIDADE

Ñ*apirikoli*, demiurgo e conquistador das coisas boas para os *walimanai*, é quem usava a pimenta desde os tempos primordiais. Para o herói, a pimenta era seu *liwaapere*, ou *limorodale*, seu escudo-espada, adorno-poder. Em episódios de guerra e em outros momentos de necessidade de defesa, era a pimenta um recurso indispensável.

Em um episódio mítico recorrentemente narrado nas comunidades baniwa, e aqui pelo Seu Fernando José, da comunidade de Tukumã-rupitá, é registrado o surgimento e primeiro uso da pimenta[1]. Na ocasião, Ñapirikoli a utiliza para

[1] As duas narrativas apresentadas aqui e as informações nas quais se baseou esta secção foram documentadas por André Fernando Baniwa junto ao seu pai Fernando José.

cozinhar o peixe cru e neutralizar o perigo que isso representa à sua vida e saúde. Assim, oferece às futuras gerações uma técnica de proteção e purificação fundamental dos alimentos, indispensável na pratica culinária baniwa até os dias atuais.

"Um dia Ñapirikoli casou-se com Omaittadoa (mulher-piranha). Ela pertencia ao grupo inimigo de Ñapirikoli. Outro dia foi convidado para comer na casa do seu sogro, chefe do povo Piranha. Ñapirikoli, sabendo que aquilo era para criar uma oportunidade de matá-lo, preparou-se para o banho junto com seus convidados. Transformou-se em Ttiiripi, andorinha, e kawawiri, pássaro tesoura. Assim, descia e passava por cima da água, apenas raspando-a. Desse modo ele tomou banho sem problemas. Se mergulhasse na água, seria devorado pelos Piranha. Na hora da refeição, o seu sogro ofereceu-lhe um prato de comida cheio de peixe de esporão cru. Um dos convidados de Ñapirikoli, o socó, apressou-se em comer antes que a pimenta fosse colocada, e se engasgou. E o Ñapirikoli teve que cuidar dele para salvá-lo. Daí foi que Ñapirikoli tirou a pimenta do liwaapere e colocou-a na comida-peixe cru. Rapidamente o peixe cru ficou cozido, e todos puderam comer sem problemas. Assim, os inimigos de Ñapirikoli não conseguiram matá-lo.

Outro momento em que Ñapirikoli usou a pimenta foi quando ele foi engolido pela cobra-inimigo. Com liwaapere ele se protegeu no estômago da cobra para não morrer. Com pimenta ele matou a cobra. Com liwaapere ele abriu a barriga da cobra para sair e se salvar.

Traduzindo para o dia-a-dia do povo Baniwa, a pimenta é remédio. O remédio que previne (protege), cura (mata a doença) e recupera (refortalece o físico depois de matar a doença). Esta é a função social fundamental da pimenta na saúde segundo a cultura baniwa. "

ÑAPIRIKOLI, O HERÓI MÍTICO BANIWA, EM SEU MUNDO PRIMORDIAL, REPRESENTADO POR UMA PENEIRA DE BEIJU. Ilustração: Laurentino Pereira Valêncio

RITUAIS DE PASSAGEM

Provando pimenta benzida na comunidade de Itacoatiara-mirim. © Renato Martelli/ISA, 2014

São os momentos cerimonializados de usos públicos e coletivos de pimenta para proteção contra os mundos invisíveis aos quais a humanidade sempre está exposta. São momentos de lembranças das histórias, de transmissão de conhecimentos, de conexão vertical entre os mundos dos espíritos com este mundo, de profunda aprendizagem, de conselhos e vivências sobre a ética baniwa. E também momentos de festas, com muita música, comidas e danças.

O principal deles é o *Kalidzamai*, ritual de benzimento da comida, especialmente da pimenta, que marca o final dos períodos de reclusão de jovens que estão em fase de iniciação para a vida adulta. Ao evocar o *Kalidzamai*, panelas de barro estão dispostas no centro do grupo. Elas contêm pimenta, a "arma dos cantadores" (Wright, 1996), mestres que conduzem o ritual.

Na ocasião da primeira menstruação das meninas elas recebem uma formação completa, chamada *naiteetakano*. O *Kalidzamai* também ocorre para os meninos, em período oportuno, e sua formação é chamada *nakapeetakana*.

Jovem em iniciação sendo chicoteado. © Felipe Schaedler, 2015
Abaixo, iniciação feminina. © Marcelo Salazar/ISA, 2015

Passado o ritual, ambos estarão prontos, formados para o mundo, como dizem os baniwa. Uma das partes mais importantes, ensejando os momentos finais do ritual, consiste em levar os jovens iniciados a provar frutos de pimenta benzidos pelos adultos. Ocorre depois de um longo período de reclusão, jejuns e dietas restritas, que antigamente chegava a durar de 1 a 2 meses. Assim, dizem os xamãs, os jovens baniwa terão seu corpo "cozido" pela pimenta, o que garante uma espécie de escudo invisível para cada um, o *liwaapere* que protegia o herói *Ñapirikoli*. Esse "cozimento" imaterial dos corpos se completa com o açoite por chicotes. O *Kalidzamai* prepara as futuras gerações para viverem bem no território ancestral.

Em algum momento do benzimento, os condutores do ritual também nomeiam a pimenta segundo a associação clânica do jovem iniciado, revelando um aspecto muito interessante da imbricação entre biodiversidade, sociodiversidade e territorialidade entre os baniwa.

PIMENTA PARA O CORPO E ALMA

Ao referir-se à pimenta e ao tabaco como "alimentos para o corpo e alma", Oliveira (2015) lançou interessantes observações acerca do que ele considera "emblemas" exclusivos, entre eles a pimenta, que diferenciam os clãs baniwa entre si e também com os brancos.

Estes emblemas, referidos em baniwa pelo termo *inaikhi yanhenke*, "conhecimento do clã", ou ainda pelo termo *inaikhi hedali*, "aquilo que vem do clã" seriam, segundo o referido autor, os artefatos com que os Baniwa entretêm uma relação original. Um meio pelo qual os Baniwa descreveriam tanto a diferença entre índios, quanto a diferença entre os índios e os brancos: "coisas" que fazem mediações entre estas pessoas.

De acordo com inúmeras versões de mitos reunidas por Oliveira, após saírem do mundo subterrâneo, e ter seu corpo conformado, os homens recebem de *Ñapirikoli* (e/ou *Dzóoli* [outro demiurgo baniwa]) uma série de atributos que os diferenciam entre si: variedades de pimenta, tabaco e mandioca; alguns artefatos como instrumentos cerimoniais "profanos" e "sagrados"; bens intangíveis e difíceis de classificar, como diferentes línguas; uma porção de território e, dentro dele, a "casa dos mortos". Cada um dos ancestrais clânicos recebeu uma variedade de tabaco e pimenta diferente daquela que foi recebida pelos outros. Oliveira traduz o comentário de Hill (1993) acerca do mito de emergência deste povo, onde o mesmo registra que *Ñapirikoli* deu a cada ancestral dos diferentes grupos baniwa um casal de avós que guardou o tabaco e a pimenta sagrados, usados em curas e outros propósitos rituais pelos atuais descendentes (Wright, 1996).

Não foi por acaso que ao definir o nome de sua Casa da Pimenta, a comunidade de Ucuqui Cachoeira, no Alto Rio Ayari, chamou-a de *Manowadzaro*. Este é justamente o nome de benzimento da pimenta usada nos rituais *Kalidzamai* das jovens *Hoohodene*, grupo ao qual está afiliada esta comunidade. André Fontes, vice-capitão da comunidade e experto dos rituais de iniciação, destaca que o nome de benzimento evocado na iniciação masculina seria *Heridanayali* (comunicação pessoal). Segundo o mesmo informante, no caso do grupo *Waliperedakenai*, o nome de benzimento seria *Malhenayali* para os homens, e *Hipanomayali*, para as mulheres. A terminação *ayali*, literalmente traduzida, significa "semente de fruta de pimenta". Assim como em Ucuqui, a comunidade do Yamado decidiu-se por batizar sua Casa da Pimenta pelo nome de

Tsitsiadoa, nome de benzimento da pimenta evocado na iniciação das mulheres do clã *Awadzoro*.

Quando qualquer regra de bom comportamento na floresta é quebrada, ou quando, durante o cozimento dos alimentos, as borbulhas da panela salpicam e caem sobre o fogo, isso é interpretado com ofensa aos *awakaronai* e aos *yoopinai* de *Iarodatti*, espíritos das florestas. Neste caso, pimentas são rapidamente jogadas no fogo, garantindo que a mensagem de desagravo não chegará a esses espíritos, impedindo o retorno, geralmente enviado na forma de doenças ou de intensos temporais sobre as pessoas e comunidades.

Como cosmético, pimentas específicas, usadas de modo bastante restritivo, é recurso para embelezamento e para retardar o envelhecimento do rosto. Previne males que atacam o rosto e que se originaram desde a criação do mundo.

Assim como o *Ñapirikoli* sempre recorreu a pimenta como *liwaapere*, os *walimanai* Baniwa também a utilizam no dia-a-dia, das mais diversas formas, com uma única finalidade de proteção contra males e para garantir o viver bem no mundo.

ALIMENTO FUNCIONAL

O poder das pimentas em melhorar a saúde e o bem-estar das pessoas é reconhecido no mundo inteiro. As elas são atribuídas uma série de efeitos tais como: atividade redutora de doenças cardiovasculares, potencial antioxidante, propriedades anticâncer, ação analgésica, antiúlcera, influência sobre o sistema nervoso, melhora do aparelho respiratório, ação anti-inflamatória, antidepressiva e ainda a propriedade de aceleração do metabolismo, beneficiando processos de emagrecimento. Em 2015, causou grande impacto a divulgação de um estudo chinês alegando que pessoas que consomem alimentos condimentados quase todos os dias têm 14% menos possibilidades de morrer que aqueles que comem alimentos picantes menos de uma vez por semana (Presse, 2015).

Este poder de gerar efeitos benéficos está associado sobretudo à capsaicina, um composto alcaloide que é o principal responsável pela sensação de ardência dos frutos. Ainda assim, até o momento, no Brasil, não figura nas listagens da Anvisa (Agência Nacional de Vigilância Sanitária) nenhum tipo de registro de alimento com alegações de propriedades funcionais e ou de saúde atribuídos a pimentas do gênero *Capsicum*.

ROÇAS, QUINTAIS, REDES E DIVERSIDADE

À agricultura indígena devemos a domesticação de inúmeras plantas que fazem parte do patrimônio agroalimentar amazônico e mundial. Este processo, para além de ser estanque no tempo, segue seu curso nos dias atuais. No Rio Içana, por exemplo, as comunidades baniwa manejam, conservam e constroem extensas paisagens de biodiversidade e agrobiodiversidade.

Entre os Baniwa, o cultivo de roças é uma prática milenar, de responsabilidade sobretudo das mulheres. Inicia-se depois que o homem derruba e queima pequenos trechos de floresta ou capoeiras antigas, cuja terra pode estar em descanso por 12 a 35 anos, ou mais (SILVA, 2004). Um dos seus principais traços é a grande autonomia em relação a insumos externos, como agroquímicos e maquinário pesado, e sua rica simbologia associada aos cuidados com a terra, com as plantas, e com os objetos que gravitam em torno do universo das roças

Dona Hermínia Garcia colhe pimentas na roça, em Tunui cachoeira, médio Içana.
© Beto Ricardo/ISA, 2013

FIGURA 2: ROTINA DIÁRIA DAS MULHERES PRODUTORAS DE PIMENTA BANIWA, ONDE SE DESTACA O TEMPO DEDICADO À ROÇA E À TRANSFORMAÇÃO DOS ALIMENTOS. A BASE DE DADOS GERADA NA PESQUISA SERÁ USADA NO MONITORAMENTO DOS IMPACTOS SOCIOAMBIENTAIS DA INICIATIVA PIMENTA BANIWA AO LONGO DOS ANOS.

Abomi (avó) Florinda Emília (1933-2015) em seu jardim de pimentas na comunidade de São José do Rio Içana. *(In memoriam)*. © Roberto Linsker/Terra Virgem, 2013

e do processamento dos alimentos. Este sistema de baixo impacto ambiental assegura a capacidade de regeneração da floresta para que seus serviços ecossistêmicos e usos posteriores sejam possíveis.

São as mulheres, cuja maior parte do dia estão dedicadas aos cuidados com suas roças e quintais agroflorestais, bem como nas atividades de transformação dos alimentos, grandes responsáveis pela segurança alimentar e nutricional das 200 comunidades e sítios baniwa que estão distribuídos pelos Rios Içana, Ayari, Cuiari e Negro, entre Brasil, Colômbia e Venezuela. Para isso, cada família alicerça e sincroniza a atividade de cultivo em pelo menos três roças: uma roça nova, em formação; outra madura, onde se processam as mais importantes colheitas, e outra em regeneração, onde a área está prestes a ser liberada para que a sucessão florestal regenere o sítio de cultivo.

Atualmente, roças e quintais agroflorestais indígenas também vêm sendo reconhecidos como potentes sistemas de conservação e geração de agrobiodiversidade. Especialmente, as Terras Indígenas são áreas de conservação e adaptação de um grande patrimônio agroalimentar. Este serviço, ainda invisível e subvalorizado, é fundamental para que a humanidade possa se readaptar aos efeitos que as mudanças climáticas trarão à agricultura em todo o mundo.

Os territórios indígenas são também grandes aliados da segurança climática global. São áreas onde a proteção dos serviços ambientais das florestas e dos estoques de carbono vem se mostrando altamente eficientes.

SISTEMA AGRÍCOLA TRADICIONAL DO RIO NEGRO: PATRIMÔNIO CULTURAL DO BRASIL

Em novembro de 2010, o Sistema Agrícola Tradicional do Rio Negro foi declarado Patrimônio Cultural do Brasil pelo Iphan (Instituto do Patrimônio Histórico e Artístico Nacional) (www.socioambiental.org/nsa/detalhe?id=3227). O mesmo é entendido como um conjunto de saberes e modos de transmissão de conhecimentos que se relacionam entre si, entre os quais estão: a diversidade das plantas cultivadas, as técnicas de manejo da roça e dos quintais (os espaços de cultivo), o sistema alimentar (as receitas e processos de elaboração dos produtos da roça), os utensílios de processamento e armazenamento, ou seja, a cultura material e, por fim, a conformação de redes sociais de troca de plantas e conhecimentos associados (Emperaire, 2010). O cultivo da mandioca brava (*Manihot esculenta*), por meio da técnica de coivara e da rede de troca de saberes e plantas, é a base desse sistema, compartilhado por mais de 20 povos indígenas, os quais vivem ao longo do Rio Negro, em um território que abrange os municípios de Barcelos, Santa Isabel do Rio Negro e São Gabriel da Cachoeira, noroeste amazônico, até as fronteiras com a Colômbia e a Venezuela.

O dossiê base para declarar o Sistema Agrícola Tradicional do Rio Negro como patrimônio imaterial do Brasil destaca que:

"Hoje a diversidade de formas de produzir é considerada sob outro ângulo, o da conservação da biodiversidade, e os impactos das atividades agrícolas são analisados em termos ambientais. A biodiversidade construída por grupos humanos, através dos processos de domesticação e de seleção, é também pensada em termos de reservatório genético frente às mudanças climáticas.

Instrumentos econômicos, com diferentes formas de certificação ou de reconhecimento de direitos intelectuais, adquirem um espaço cada vez mais visível nos mercados e contribuem a sensibilizar o consumidor a uma diversidade de produções.

No entanto, a diversidade das formas de produzir ultrapassa o domínio dos fatos técnicos. Pertence a vários registros da vida social e cultural das sociedades. Produzir vegetais, animais ou micro-organismos, é não somente mobilizar saberes, conceitos, ferramentas e relações sociais de caráter particular, mas é também expressar uma certa concepção do mundo e da sociedade.

O uso da expressão sistema, um conjunto de elementos em interação (Delattre, 1984), no título do registro resulta da abrangência do bem em questão. Passar da noção de agricultura à de sistema agrícola significa evidenciar interações deste campo de atividade com outros domínios da vida social, cultural e material de um grupo e não se limitar ao registro funcional. Trata-se de um sistema aberto, construído em torno das relações sociedades-espaços-plantas que incorpora certos elementos em função de contextos culturais, ecológicos, históricos ou ainda políticos. " (EMPERAIRE, 2010)

DIVERSIDADE DE PIMENTAS NO RIO IÇANA

Depois da mandioca, as pimentas do gênero *Capsicum* spp. são um dos cultivos de maior importância e frequência nas roças e quintais indígenas do rio Içana. Essa importância também pode ser medida através da intensidade com que as pimentas aparecem na culinária tradicional da região (GARNELO & BARÉ, 2009) e no papel que ocupa no sistema social e cosmológico (OLIVEIRA, 2015; WRIGHT, 1996).

Pimentas estão largamente distribuídas em toda a Amazônia (BARBOSA *et al.*, 2002) e a bacia é considerada centro de domesticação e de maior diversidade da espécie *Capsicum chinense*, considerada a mais brasileira das cinco espécies de pimentas cultivadas pelo homem (REITSCHNEIDER, 2000).

A pesquisadora baniwa Paula Florentino em sua roça de pimentas, na comunidade de Tucumã Rupitá. © Carol Da Riva, 2008

© Roberto Linsker/Terra Virgem, 2014

Esta diversidade expressa-se no rio Içana, onde as mulheres cultivam suas pimentas, ora na roça – em geral na roça mais jovem das três roças que cada uma costuma manter – ora em jardins de pimentas cultivados nos quintais das comunidades, preparados especificamente para receber pimenteiras.

A diversidade encontrada nestas roças e jardins é grande. Nosso apanhado, realizado em roças de 40 comunidades da bacia, permitiu gerar uma listagem com 78 variedades, ou qualidades, de pimentas que são cultivadas nas mesmas. Isso, sem dúvidas, eleva a região do rio Içana ao patamar de importante foco de diversificação da espécie, e estratégica para futuras iniciativas de proteção no local (*on farm*) dos recursos genéticos do gênero *Capsicum* no Brasil.

Entre 80 e 90% das variedades encontradas nas roças baniwa pertencem ao complexo *Capsicum chinense-Capsicum frutescens*. É neste complexo que vamos encontrar as variedades de pimentas mais picantes e cheirosas que conhecemos (Habaneros, Jolokias, Murupis, Malaguetas, Pimentas de Cheiro, de Bode). Essa marca da diversidade manejada pelas mulheres baniwa vai imprimir na jiquitaia produzida por elas alguns traços pelos quais a especiaria vem se tornando conhecida: altamente picante, de intenso aroma e sabor.

VARIEDADES DE PIMENTAS ENCONTRADAS NAS COMUNIDADES DO IÇANA[2]

1. AALIHITAKO

PIMENTA BICO DE JABURU

A pimenta Bico de Jaburu é uma das variedades que apresentam os mais grandes e alongados frutos entre as cultivadas no Içana, chegando a 6 cm de comprimento. A planta é de rápido crescimento na terra firme. É uma variedade de mediana ardência, muito usada na elaboração da quinhampira. Os frutos, quando maduros, passam da cor roxa ao vermelho intenso.

2. AAMO

PIMENTA ROXA

A pimenta roxa possui fruto comprido, pode chegar a 3 cm, e de parede irregular. O fruto maduro é roxo. Possui forte ardência e é também muito aromática. Quanto mais dessa pimenta na composição da jiquitaia, mais escura esta resultará.

3. AAWI

PIMENTA AGULHA (MALAGUETA)

Essa pimenta tem o formato de uma agulha de costurar roupa. É uma das mais picantes entre as variedades cultivadas no Içana. Os frutos são pequenos, no máximo 2 cm de comprimento, e na pimenteira apresentam-se eretos. Ainda que muito cultivada no resto do Brasil, é uma variedade rara de ser encontrada nas roças e quintais do Içana.

2 Tradutores dos nomes para o português: Aloncio Garcia e Elton José da Silva, pesquisadores indígenas bolsistas do Programa Jovem Cientista Amazônida. Entre parênteses indicamos os nomes comuns – ou uma aproximação a estes – pelos quais as variedades são normalmente conhecidas no restante do Brasil.

Paula Florentino apresenta uma carpoteca de frutos de pimentas do Içana durante a assembleia da Oibi. © Adeilson Lopes da Silva/ISA, 2006

4. BOTAOTHE

PIMENTA BOTÃO (PIMENTA DE BODE)

No formato de botão, são frutos pequenos, de no máximo 2 cm, vermelhos quando maduros. Variedade rara de se encontrar, sendo mais frequente nas roças do médio Içana.

5. DZAKA INAPA

PIMENTA BRAÇO DE CAMARÃO

A pimenta braço de camarão é de forte picância e sabor muito apreciado pelos Baniwa. Por produzir pouca semente, é difícil de encontrar e manter sua plantação. Pode atingir o comprimento de 7cm.

6. DZAKOITHE (PIMENTA DE CHEIRO)

PIMENTA FRUTA DE ABACATIRANA/ PIMENTA DA CAATINGA

Os frutos são como os da Abacatirana (Dzakoi), um árvore frutífera das caatingas do rio Negro. Pimenta de cor amarela, muito bonita, e de ardência mediana. É muito apreciada pelos baniwa, tal qual a frutas da árvore de Abacatirana. É também uma planta muito resistente, crescendo viçosa até mesmo nas comunidades de solo mais arenoso. É, por isso, a variedade mais bem distribuída pelas roças e quintais da bacia. Os frutos possuem 2 cm de comprimento.

7. DZAATTE HITAKO

PIMENTA BICO DE TUCANO

Do grupo das pimentas grandes e de média abundância nas roças. O fruto atinge 6 cm de comprimento.

8. DZAWIETSHA

PIMENTA DENTE DE ONÇA (DEDO DE MOÇA)

A Pimenta dente de onça possui um ápice muito afinado, tal qual um dente de onça. A frutificação da variedade é abundante. Quando maduros, os frutos são vermelhos e atingem cerca de 5 cm de comprimento.

9. DZOODZO HITAKO

PIMENTA BICO DE PEIXE LÁPIS

Tem o formato do bico de peixe lápis e os frutos ficam vermelhos quando maduros. Seu comprimento chega a 4 cm.

10. EEWAAPA

PIMENTA DE CABA AMARELA

Frutos de cor amarela e comprimento de 3,9 cm. É muito picante.

11. IXEDONITHE

PIMENTA FRUTO DE IXEDONI (ÁRVORE DA BEIRA DO RIO)

A pimenta fruta de ixedoni atinge 2 cm de comprimento e os frutos são amarelos quando maduros. Produz bastante semente e sua picância é elevada.

12. HALENE

PIMENTA BRANCA

A pimenta branca – porque quando na fase de crescimento fica branca – quando amadurece é amarela. A parede do fruto é lisa e este atinge não mais que 2 cm de comprimento.

13. HALIAKALITHE

PIMENTA FRUTO DE HALIAKALI

As pimentas são redondinhas, tal qual a fruta de uma árvore de igapó com esse mesmo nome. Possui ardência e cheiro fortes. Quando maduros, os frutos são amarelos e medem 1,3 cm de comprimento.

14. HEMALITHE

PIMENTA FRUTA DE ABIU

Lembra o fruto de Pouteria caimito (abiu), mas neste caso os frutinhos dessa pimenta são bem pequenos, com 1 cm de comprimento.

15. HIPOLENE

PIMENTA FRUTA VERDE

Quando maduros os frutos são um pouco avermelhados e muito picantes. Os frutos possuem 2,2 cm de comprimento.

16. HOLITO IATTITE

PIMENTA DO POMBO

O nome faz jus a uma árvore da beira do rio com frutos semelhantes. Vermelhos quando maduros e muito picantes, os frutos atingem 0,8 cm.

17. KADZALIWI

PIMENTA FLOR DE MOLONGÓ

Quando a pimenteira está na fase de florescimento aparece como a flor do molongó (uma árvore do igapó). O fruto alongado, de forte ardência, fica amarelo quando está maduro. Atinge 3 cm de comprimento.

18. KAMAPO

PIMENTA MÁPOO (CAMAPU)

Seus frutos são redondinhos e amarelos, como os do camapu (Phisalis) uma planta ruderal que vem sendo muito consumida entre os brancos nos últimos anos. Tem ardência forte, porém sem cheiro.

19. KAPATANE

PIMENTA FRUTO DE PAREDE ACANALADA

Os frutos são grandes, alongados e com a parede irregular, formando sulcos. São vermelhos e produzem poucas sementes. As plantas crescem e frutificam rapidamente em roças recém queimadas. Ainda que pouco ardentes, os frutos são muito apreciados na elaboração da quinhampira. Atingem 2,5 cm de comprimento.

20. KAPATSIDALIPE

PIMENTA DE FRUTO ACHATADO

É uma variedade de rápido crescimento, porém exige roças novas de solos férteis. É muito boa para a quinhampira.

21. KAPITSIRIWI

PIMENTA FLECHINHA DE ZARABATANA

As plantas possuem folhas pequenas e produzem flores e frutos continuamente por dois anos, ou até mais, se bem cuidadas e quando o solo da roça é fértil. Os frutos têm ardência muito forte e são cheirosos. São amarelos e bastantes persistentes na planta (não caem fácil como os de outras pimenteiras). Produzem boa jiquitaia. O comprimento atinge 1,7cm.

22. KATOTO

Tradução sugerida para o Português: JOLOKIA BANIWA*

É a mais ardente da bacia do Içana, considerada até mesmo perigosa pelas mulheres, que a afastam de crianças e manuseiam com muito cuidado para não queimar as mãos. Devido a isso, pouquíssimas plantas são mantidas nas roças e quintais. São pimentas grandes, de fruto amarelo. Quando as mulheres querem desafiar os maridos em sua capacidade de suportar a ardência da quinhampira ou da jiquitaia, adicionam katoto na sua preparação.

*em alusão à Bhut Jolokia, uma pimenta do mesmo grupo da Katoto e que já foi considerada a mais picante do mundo pelo Guinness World Records. A palavra katoto não tem tradução para o português.

23. KAWATHSIDALIPE

PIMENTA CAMUTI

Tem formato de camuti, o pote de barro para guardar caxiri (bebida fermentada). O fruto é de alta picância, cheiro forte e produz muita semente. Atinge 1,4 cm de comprimento.

24. KEREKERETHE

PIMENTA OLHO DE PERIQUITO (CUMARI)

Pimenta de frutinhos pequenos, não chegam a medir 1cm de comprimento, e que são vermelhos quando maduros. Em geral se colhe quando estes estão verdes para evitar a queda dos frutos ou o ataque de passarinhos. As plantas desta variedade gostam de viver na roça nova resultante da derrubada de uma capoeira.

25. KOITSI HITAKO

PIMENTA BICO DE MUTUM

Amarelos quando estão maduros, os frutos são grandes (4,3 cm de comprimento), ardem pouco, e possuem aroma intenso. Crescem bem na terra-firme e começam a frutificar quando a planta ainda está pequena. Produzem pouca semente. Muito boa para a quinhampira e para a jiquitaia.

26. KOORI HITAKO

PIMENTA BICO DE COROCORÓ

É a pimenta com os maiores frutos da região (8 cm de comprimento). As plantas são de rápido crescimento e bastante produtivas quando estão na roça nova. Os frutos, inicialmente roxos, quando maduros atingem coloração vermelha intensa e começam a cair da planta. É uma variedade muito usada na quinhampira e jiquitaia baniwa e cuja semente mais circula de mão em mão entre as mulheres.

27. KOOWHEIWAAPHI

PIMENTA BUNDA DE SAÚVA

Bastante vermelhos quando maduros, os frutos atingem 4,3 cm de comprimento.

28. KOPITTE

PIMENTA FRUTA DE CEBOLÃO

Os frutos são pequenos (2,8 cm de comprimento) e amarelos quando estão maduros. São de alta picância e cheiro muito agradável.

29. KOWAIDATHE

PIMENTA FRUTA DE CASTANHA

Os frutos medem de 3-4 cm de comprimento e são vermelhos quando maduros. Ardem pouco e possuem aroma muito apreciado

30. MAAKO

PIMENTA MARROM

É uma pimenta de alta picância e, quando mais madura, mais adquire o aspecto amarronzado. Os frutos atingem 2,6 cm de comprimento.

31. MADZAWITHE

PIMENTA JURUBEBA

Os frutos, que não atingem 1 cm de comprimento, ficam vermelhos quando maduros. Tem ardência muito forte e cheiro apreciado pelos baniwa.

32. MAIPANALI

PIMENTA TAPIOCA DE INAMBU

É uma variedade de alta picância, e uma das mais cheirosas. Os frutos atingem 2,8 cm de comprimento e são amarelos quando maduros.

33. MAKOWEIITHI

PIMENTA OLHO DE URUTAU

Variedade de alta picância, com um aroma distinto das demais. Os frutos vermelhos atingem 5,4 cm de comprimento.

34. MAROLI HITAKO

PIMENTA TUCANO PEQUENO

Possui frutos de cor amarela e comprimento 2-3 cm. Alta picância.

35. MOROPI (nome incorporado do Nhengatu)

Trazida ao Içana recentemente, é rara, sendo mais frequente no baixo Içana. Pimenta muito produtiva quando frutifica. Os frutos atingem um comprimento de 3,5 cm, possuem uma parede de formato irregular característica e cor amarela. Está entre as de aroma mais intenso e agradável. De ardência mediana, produz uma jiquitaia de aroma intenso.

36. NERITHI
PIMENTA OLHO DE VEADO

Frutos pequenos (1 cm) e de cor amarela. Tem ardência muito forte e cheiro apreciado.

37. PEERIHITAKO
PIMENTA BICO DE GAVIÃO REAL

Frutos amarelos de mediana a baixa picância e aroma apreciado. Atinge 2,5 cm de comprimento.

38. PERITSOTA
PIMENTA UNHA DE GAVIÃO REAL

Pimenta de frutos com parede irregular, vermelhos e de alta picância. Atingem 5 cm de comprimento.

39. PHITO-HIWIDA
PIMENTA CABEÇA DE GRILO

É pequenina, mas especial, por ser uma variedade bastante aromática, conferindo o tom forte frutado à jiquitaia. Seus frutos medem no máximo 1 cm de comprimento e apresentam coloração marrom ou vermelha, quando maduros. É ideal para temperar o pacu moqueado (defumado), prato típico do Amazonas.

40. PIRIKITOTHE
PIMENTA OLHO DE PERIQUITO

Alta picância, cheirosa e com frutos vermelhos, arredondados e pequenos (1cm de comprimento).

41. POMENHIRI
PIMENTA CHEIROSA

Pimenta de aroma intenso, alta picância, frutos pequenos (1,2 cm), arredondados, de cor amarela e com poucas sementes.

42. TTALATTALANE

PIMENTA LEVE E ACHATADA

Possuem frutos grandes e de baixa picância. É a pimenta indicada para ser consumida pura, sem carnes acompanhando, apenas com sal e beiju na hora do chibé.

43. WIITSHIA

PIMENTA PIPIRA

A pimenta pipira "é bonita", cultivada por praticamente todas as famílias do Içana "porque se multiplica através dos pássaros pipira". Existem os sub-tipos grande e pequena. Os frutos são vermelhos, picantes e produzem muitas sementes, sendo que parte delas germina espontaneamente nas roças. A wiitshia padrão tem frutos de comprimento de 1 cm, enquanto que wiitshia Makadalipe (grande) chega a 1,8 cm e a wiitshia Tsodalipe (pequena) não chega a 1 cm de comprimento.

PIMENTEIRAS "DOADAS" POR PÁSSAROS

Ao traçar as rotas de circulação de material entre as roças baniwa (QUEM DEU A SEMENTE?), vários foram os casos de resposta do tipo "os passarinhos". Eles são importantes dispersores de pimentas na região e responsáveis por quase 1% das sementes que as mulheres receberam (fig. 3, pág. 34). Também dão nomes à grande parte das variedades, como pudemos observar no catálogo acima. Como os pássaros não possuem receptores de capsaicina na língua, não sentem a ardência das pimentas e são excelentes dispersores dessas plantas pelas roças do rio Negro.

REDES SOCIAIS ATIVAS DE AGROBIODIVERSIDADE

De modo muito dinâmico, o material fitogenético (sementes e mudas de pimenta) é visto cruzar diariamente todo o território e tecido social baniwa. Em geral, esses movimentos estão associados aos eventos mais importantes dessa sociedade como matrimônios, visitas e eventos religiosos (conferências evangélicas e santas ceias) (FIG.3).

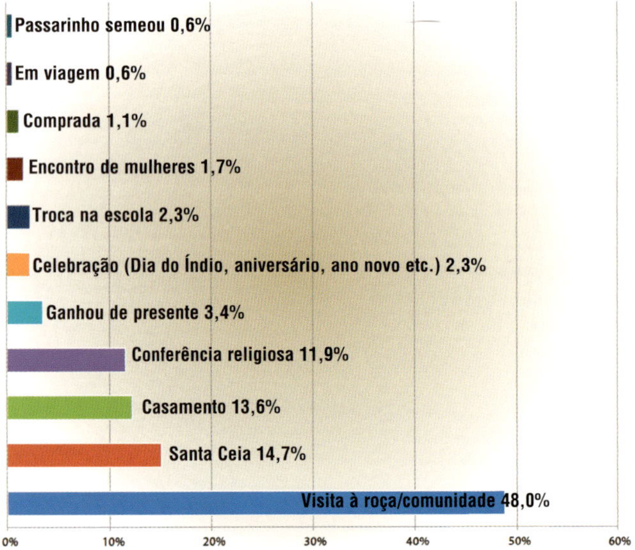

FIGURA 3: OCASIÃO DO ACESSO AO MATERIAL DE CULTIVO (SEMENTE/MUDA) DESCRITO ATRAVÉS DE ENTREVISTAS ESTRUTURADAS ACERCA DE 210 TROCAS ENVOLVENDO 108 DOADORAS E 100 RECEPTORAS DE 41 COMUNIDADES DO MÉDIO E ALTO IÇANA, AYARI E CUIARI, MAIS O MUNICÍPIO DE SÃO GABRIEL DA CACHOEIRA.

Essa diversidade circula principalmente de mulher para mulher, e sobretudo como dádiva de mãe para filha (fig.4). Esta lógica é compatível ao que já foi constatado para o caso da mandioca como uma lógica de bem patrimonial de transmissão intergeracional (Emperaire, 2010). O razoável conjunto de transferências entre cunhadas, pertencentes a diferentes fratrias, também caracteriza essa circulação dentro do que se poderia considerar uma lógica interétnica (fig. 5), que por sua vez também opera a nível transfronteiriço uma vez que a distância de origem do material pode ultrapassar as fronteiras da Colômbia e Venezuela.

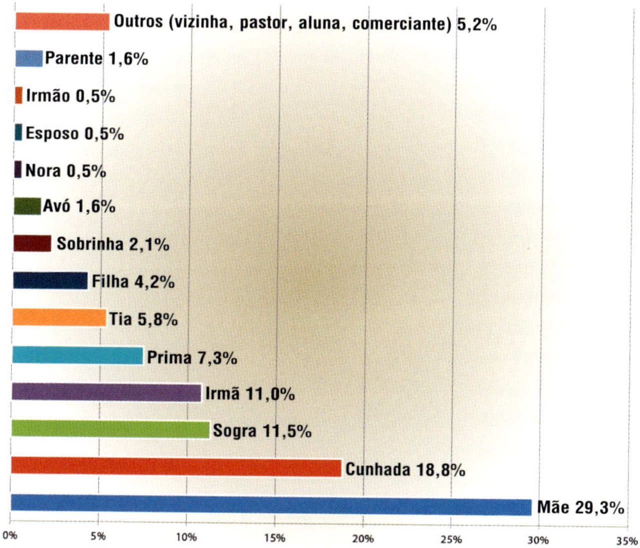

FIGURA 4: PARENTESCO DA(O) DOADORA(OR) DO MATERIAL DE CULTIVO.

O diagrama de fluxo (FIG. 5) indica as trocas de sementes e mudas entre os principais grupos étnicos que vivem na bacia do Içana, demonstrando como é difusa a dispersão do material fitogenético, favorecendo sua ampla circulação entre os grupos.

Esses movimentos oferecem uma explicação para a produção e conservação da imensa diversidade de pimentas entre os Baniwa e como esta diversidade é afetada, melhor dizer favorecida, por essas redes de troca.

É possível que a vigorosa rede de circulação que registramos aqui seja muito propícia à ampliação das taxas de polinização cruzada e à formação de novos tipos de pimenta oriundos destes cruzamentos. O caso baniwa captado é um exemplar de como a agrobiodiversidade, seu enriquecimento, é dependente das redes sociais ativas que a manejam (EMPERAIRE, 2001; PERONI E HANAZAKI, 2002). Estes processos poderiam converter-se em bons indicadores de vigor da capacidade de (re)produção e manutenção da variabilidade genética de plantas cultivadas na região.

Sabe-se hoje em dia que o grupo de pimentas mais diversificado da bacia amazônica, a espécie *Capsicum chinense* Jacq., tem nesta região o seu centro de diversidade. Esta espécie é também, de longe, a mais cultivada nas roças do Içana, representando a maior parte dos morfotipos (variedades) encontrados nas roças baniwa.

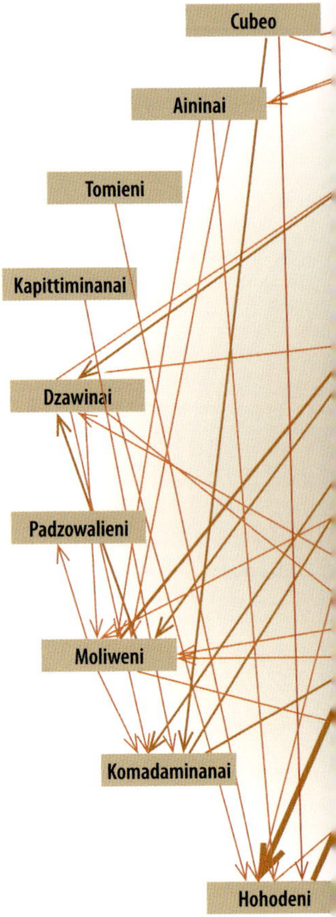

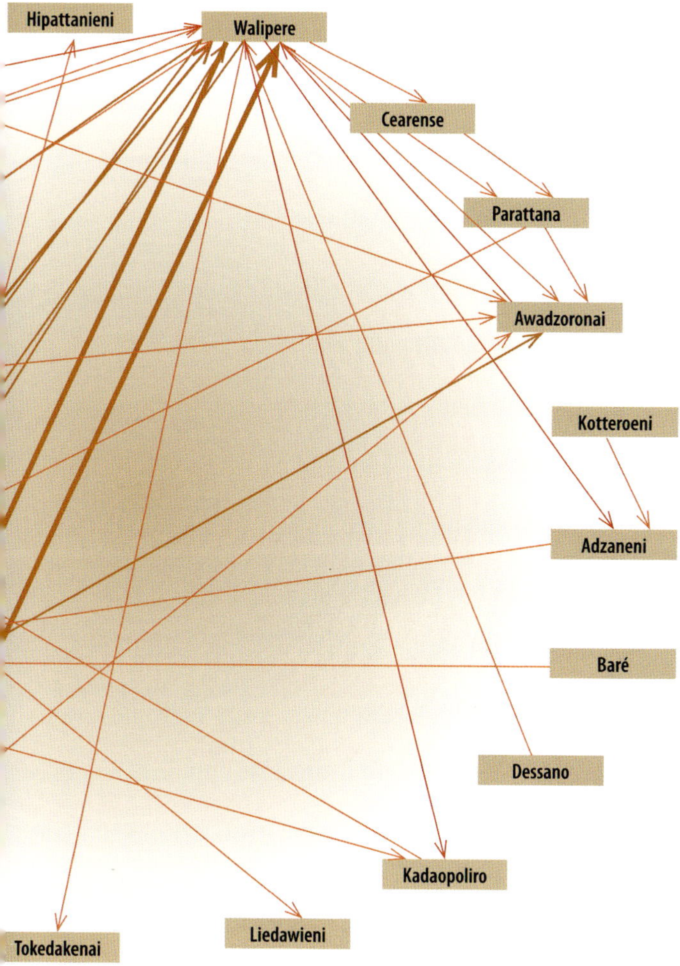
Hipattanieni
Walipere
Cearense
Parattana
Awadzoronai
Kotteroeni
Adzaneni
Baré
Dessano
Kadaopoliro
Liedawieni
Tokedakenai

MODOS DE PREPARAR

Não existe uma receita única para preparar jiquitaia. A diversidade de pimentas cultivadas, a proporção das variedades na mistura, os diferentes modos de secar e temperar, com sal ou outras ervas, são os principais responsáveis pela diversidade de cores, texturas e sabores que resultam da jiquitaia produzida pelas mulheres baniwa.

Ainda que conformem blends mais que exclusivos, mantém-se uma identidade comum. Provavelmente o que se conhece como a pegada do terroir, da geografia, dos solos de areia branca que dominam a paisagem da bacia do Içana, do clima e dos traços coletivos de manejo das roças das mulheres baniwa.

A pesquisa conduzida pela parceria entre técnicos do Programa Rio Negro do ISA com os pesquisadores indígenas já inventariou sete modos básicos de preparo que interagem em uma ampla gama de possibilidades com as inúmeras variedades de pimentas cultivadas na região.

COLHER

Toda mulher baniwa colhe pequenas porções diárias de pimenta. A maior parte delas é destinada ao consumo de sua família e comunidade, seja fresca ou na forma de jiquitaia. Nesta etapa privilegia-se pimentas maduras, saudáveis, colhidas ainda no pé. Em geral as pimentas são transportadas da roça à comunidade envoltas nas folhas de embaúba (*Cecropia* spp.), planta comum nos arredores das roças e cuja folha é aveludada em uma face e silicosa na outra. O envelope macio, seco e fresquinho, permite que se preservem as pimentas colhidas na roça por bastante tempo.

Pimentas envelopadas em folhas de embaúba para serem transportadas da roça até a comunidade. Fotos: © Rogério Assis, 2010

DESIDRATAR: SECAR AO SOL, TORRAR, COZINHAR, MOQUEAR

O importante aqui é garantir um ponto de secagem que confira a crocância típica do fruto para ir ao pilão. Quanto mais rápida a secagem, maior as chances de se preservar os valores nutricionais, cheiro e cor dos frutos. Pimentas grandes e de paredes espessas serão picadas para facilitar o processo. Em períodos de chuva a secagem pode durar até duas semanas. Em períodos mais secos o processo se conclui em uma semana, sendo que os frutos são sempre dispostos ao sol no pátio da comunidade pela manhã e recolhidos ao final da tarde. Tudo pode ser acelerado levando os frutos ao forno, o que pode resultar numa jiquitaia mais escura. Porções de pimenta seca vão sendo reunidas no *mitsiede*, um pequeno jirau armado em cima do forno de farinha, até que se complete o suficiente para pilar. Uma importante inovação que a iniciativa Pimenta Baniwa introduziu nas Casas da Pimenta consiste de estufas, a gás ou solar, capazes de secar as pimentas em apenas um dia, e em um ambiente mais protegido de poeiras e animais.

Nas estufas da Casa da Pimenta o tempo de secagem se reduz de uma semana para 12 horas, fixando melhor a cor, aroma e propriedades nutricionais dos frutos.

PILAR E PENEIRAR

Quando bem desidratadas, as pimentas são pulverizadas no pilão de madeira, utensílio indispensável ao processamento de alimentos para as famílias baniwa. A peça é quase que exclusivamente elaborada de "pau-brasil", ou pau-rainha (*Brosimum rubescens*), umas das madeiras de cerne mais densos e avermelhados da região. Poucos golpes são suficientes para pulverizar as paredes dos frutos, preservando as sementes, que serão separadas da mistura por uma peneira de arumã. A atividade se realiza sempre a favor ou bem protegida do vento. Caso contrário, a projeção do pó picante sobre a pessoa que executa esta operação pode causar incômoda irritação na pele, nos olhos e na garganta.

Dona Adélia pilando a pimenta seca na comunidade de Tunuí Cachoeira.

Fotos: © Rogério Assis, 2010

O SAL – TRADICIONAL E ATUAL

Os índios da Amazônia utilizavam, e até hoje utilizam, pouco sal. A região, exceto a costa, é pobre em minas. Nas áreas interiores o sal era obtido de folhas e frutos de certos vegetais reduzidos às cinzas.

Outra forma de obtê-lo era através comércio com grupos subandinos, que tinham acesso a grandes depósitos da selva alta daquela região e permutavam por peixe seco, penas, mel, peles e madeira com os povos amazônicos. Um importante grupo provedor foi os Ashaninka. Aruaque, assim como os Baniwa, eles dominavam as minas das colinas do Cerro de la Sal, no Peru, as quais constituíam tanto a principal fonte de abastecimento de sal para os povos amazônicos, como o centro político, econômico e espiritual dos Aruaque subandinos (HTTP://PIB. SOCIOAMBIENTAL.ORG/PT/POVO/ASHANINKA/145). Uma das pistas da proximidade linguística e cultural entre estes dois povos é justamente a denominação para a palavra sal: *iiwi* (Baniwa) e *tsiwi* (Ashaninka).

Relatos históricos do período colonial indicam que o sal do rio Negro, chamado caruruyuquira, ou sal de caruru, era obtido principalmente do caruru, uma planta que cresce nas pedras das cachoeiras dos rios (BUENO, 1998, P. 98).

> *"No rio Negro: Nas rochas que constituem as cachoeiras, cresce uma planta de folhas carnudas e mui salitrosa, a que os naturaes dão o nome de carurú. (...). Os moradores visinhos, principalmente os indios, aproveitam-se della para extrahirem o sal de que fazem uso. É por tanto o carurú um inestimável recurso para os povos do alto Rio-Negro."* (LACERDA, 1865)

O caruru das cachoeiras é uma macrófita aquática da família Podostomaceae (provavelmente *Rhyncholacis* aff. linearis Tul.) que cresce nas pedras das cachoeiras do rio Negro e de seus afluentes. Suas folhas, reduzidas a cinzas, substituem o sal de cozinha (cloreto de sódio) embora a sensação seja propiciada, neste caso, pela alta concentração de potássio da mesma.

Por sua raridade e singeleza do ciclo de vida, cujo cenário são os pedrais dos rios da região, acreditamos que um uso massivo desta planta estará inevitavelmente condicionado a técnicas de cultivo ou de exploração na natureza sob altíssimo nível de controle. Uma proposta de pesquisa está sendo implementada no Alto Rio Ayari, cujo sucesso permitirá a reinserção do caruru-da-cachoeira como ingrediente da Pimenta Baniwa. Atualmente o uso desse sal é raríssimo entre os indígenas do Alto Rio Negro.

Na jiquitaia baniwa, as pesquisas indicaram um uso que varia de 0 a 12% de sal na composição, tendo sido padronizada a proporção de 10% (relação massa: massa) para a jiquitaia atualmente comercializada sob a marca Pimenta Baniwa. O sal usado na Pimenta Baniwa é muito especial: flor de sal de Maras, a conhecida mina localizada no Vale Sagrado dos Incas, no Peru.

A flor de sal é um aglomerado de cristais que se forma à superfície da água, e são cuidadosamente colhidos por artesãs que manejam a mina. Esses cristais são chamados de flores, pois é neste formato que se apresenta sua cristalização. Contém minerais e nutrientes únicos, absolutamente natural, não sendo sujeita a qualquer processo de industrialização. Cada potinho da Pimenta Baniwa contém aproximadamente 1 g desse precioso sal.

O caruru das cachoeiras (provavelmente *Rhyncholacis* aff. linearis Tull.) que cresce nas corredeiras do Alto Rio Negro. © Beto Ricardo/ISA, 2012

JIQUITAIA
USOS TRADICIONAIS E CONTEMPORÂNEOS

A jiquitaia está fortemente associada ao consumo de carnes, principalmente peixes, que é a mais importante fonte de proteína das comunidades. Estima-se que cada família baniwa consuma em média 7 litros de jiquitaia por ano.

Recentemente, a iguaria vem sendo descoberta e incorporada à criatividade do circuito gastronômico brasileiro e seu potencial vem sendo paulatinamente revelado. Novas receitas surgem a cada dia na internet.

O primeiro evento oficial de degustação, ocorrido em 2011, no restaurante Dalva e Dito, em São Paulo, reuniu renomados cozinheiros e apreciadores sob a coordenação do chef Alex Atala, tendo aberto um importante espaço de provoca-

Da esquerda para a direita, os chefs Felipe Schaedler, Bela Gil e, ao centro, Alex Atala, do Instituto ATÁ, com as mulheres baniwa da comunidade Yamado. © Beto Ricardo/ISA, 2015

ção quanto à incorporação deste e de outros sabores amazônicos em menus mundo afora (Fraga, 2011). Desde então, a Pimenta Baniwa vem aparecendo em saladas, pastas, doces, geleias e chocolates, acompanhando frutas como abacaxi, manga e caju fresco, peixes e frutos do mar, cremes e purês, embutidos, drinques, enfim, convertendo-se em uma referência do segmento para pimenta desidratada, em pó.

Tucunarés no moquém, comunidade de Juivitera, na região dos lagos do médio Içana.
© Beto Ricardo/ISA, 1997

Alex Atala (Instituto ATÁ)

Porco marinado com shoyu, Pimenta Baniwa, mel e gengibre

Rendimento: 1 porção
Dificuldade: alta

INGREDIENTES

200 g de barriga de porco
200 ml de mel de abelha mansa
350 ml de shoyu
45 g de gengibre ralado
3 g de **PIMENTA JIQUITAIA BANIWA**
1 abacaxi (cortado em losangos pequenos)
1 limão taiti

MODO DE PREPARO

Mescle todos os itens acima e coloque numa bolsa a vácuo (com vácuo máximo). Cozinhe as bolsas de vácuo no forno a vapor durante 10 horas e 40 minutos a 100°C. Abra a bolsa de vácuo, escorra o caldo (reserve) e doure a barriga de porco pelo lado da pele com um fio de azeite.

FINALIZAÇÃO: Grelhe as duas extremidades inversas de cada losango de abacaxi e reserve. Corte o porco ao meio, mergulhe levemente o porco no restante da marinada e tempere a carne com limão a gosto. Disponha o porco no prato com a parte dourada (da pele) para cima com um losango de abacaxi ao lado.

Moquém de pescada branca com caldo de peixe

Rendimento: 2 porções
Dificuldade: média

INGREDIENTES

2 pescadas brancas limpas
1 cebola branca grande
5 grãos de pimentas pretas
1 folha de louro
2 pimentas de cheiro verdes
1 pimenta de cheiro vermelha
3 g de **PIMENTA JIQUITAIA BANIWA**
Coentro a gosto
Farinha d'água

MODO DE PREPARO

Coloque o peixe e os grãos de pimenta numa panela e cubra com água. Deixe em fogo baixo por 35 minutos sem ferver. Apague o fogo, coe, separe o peixe e reserve o caldo.Tempere o peixe com sal e pimenta.

Acenda a churrasqueira com quatro dedos de carvão. Quando estiver em ponto de brasa, coloque o peixe e deixe em fogo baixo até dourar e ficar seco sem queimar.

Tire da grelha e reserve. Corte as pimentas grosseiramente. Então misture delicadamente o caldo com o peixe e as pimentas de cheiro e deixe repousar por 2 minutos para que os sabores se mesclem.

FINALIZAÇÃO: Sirva o peixe e o caldo em um prato fundo e salpique a pimenta baniwa. Decore com coentro. Como acompanhamento, sirva farinha d'água.

Macarrão com feijão e linguiça

Rendimento: 1 porção
Dificuldade: média

INGREDIENTES

150 g de espaguete comum
Azeite e sal a gosto
Para o molho
120 g de feijão roxinho
110 g de linguiça toscana
6 ml de óleo de milho
1 dente de alho
¼ de cebola
1 fio de azeite extravirgem
1 pitada de tomilho
55 g de tomate descascado
PIMENTA JIQUITAIA BANIWA a gosto
Salsinha a gosto

MODO DE PREPARO

Cozinhe o macarrão em água fervente com um fio de azeite e sal até ficar al dente.

Molho: cozinhe o feijão roxinho até o grão estar cozido, mas inteiro. Tire a pele da linguiça (ela desmanchará), sele-a e refogue no alho e na cebola. Acrescente o tomate e o tomilho. Deixe cozinhar até o molho encorpar.

FINALIZAÇÃO: Adicione o molho ao macarrão cozido. Disponha no prato o macarrão, o feijão e a linguiça, e a salsinha lado a lado. Finalize com a pimenta baniwa.

Bela Gil

Bebida de mel e pimenta

Rendimento: 1 copo
Tempo de preparo: 5 minutos
Nível de dificuldade: fácil

INGREDIENTES

1 colher de mel

½ limão

1 pitada de **PIMENTA JIQUITAIA BANIWA** ou caiena

1 copo de água

MODO DE PREPARO

Misture todos os ingredientes com uma colher.

fotos: © Bela Gil, 2016

Bolinho de quinoa com pequi

Rendimento: 4 porções
Tempo de preparo: 1h20 minutos
Nível de dificuldade: fácil

INGREDIENTES

1 xícara de quinoa ou arroz integral
4 pequis fatiados
½ colher de chá de sal marinho
1 xícara de grão de bico cozido
2 colheres de sopa de tahine ou azeite
1/4 xícara de salsinha picada
1/4 xícara de cebolinha picada
3 pitadas de **PIMENTA JIQUITAIA BANIWA**

MODO DE PREPARO

1. Cozinhe a quinoa e o pequi com o sal e 2 xícaras de água, por 20 minutos (se usar arroz integral, cozinhe por 40 minutos);
2. No processador, bata o grão de bico já cozido com o azeite;
3. Quando a quinoa estiver pronta, coloque-a numa tigela e acrescente o grão de bico batido, e o restante dos temperos;
4. Faça as bolinhas e leve ao forno para assar à 185°C por 35 minutos.

Felipe Schaedler (restaurante Banzeiro, Manaus)

Tucumã e caldo de Cogumelo Yanomami

Rendimento: 2 porções

INGREDIENTES

300 g de tucumã
10 g de pó de cogumelo Yanomami
20 g de manteiga
5 g de açúcar
300 ml de água
20 g. de farinha de tapioca
100 g. de coentro*
sal a gosto
limão a gosto
PIMENTA JIQUITAIA BANIWA a gosto

MODO DE PREPARO

Misture a água com o pó de cogumelo e leve ao fogo sem deixar ferver. Depois de 40 minutos, engrosse o caldo com a farinha de tapioca. Ajuste o sal e adicione umas gotas de limão. Coe o caldo com peneira fina e reserve.

Reduza o caldo pela metade, adicione a pimenta baniwa. Reserve.

Aqueça a manteiga, quando estiver fumaçando desligue o fogo e adicione o tucumã, salteie ligeiramente e coloque o açúcar. Num prato coloque o tucumã salteado e finalize com coentro desidratado.

* Para desidratar o coentro: coloque as folhas no microondas por 30 segundos, repetindo 3 vezes o processo até que a folha fique bem seca. Passe por uma peneira e use em diversas receitas.

Chibé com abacaxi do amazonas, formigas e Pimenta Baniwa

Rendimento: 1 porção

INGREDIENTES

50 g. de abacaxi brunoise
30 g farinha do uarini
40 ml de água
10 g de cebola roxa julienne
10 g de pimenta de cheiro
15 ml de suco de limão
20 ml de azeite de oliva
3 g de flor de sal
5 g (1 folha) de chicória julienne
PIMENTA JIQUITAIA BANIWA a gosto
2 formigas
brotos de beterraba a gosto

MODO DE PREPARO

Hidratar a farinha com água gelada. Reservar

Deixar a cebola roxa de molho em água gelada.

Em uma tijela misturar a cebola, pimenta de cheiro (que deve ser picada somente na hora do preparo) suco de limão, abacaxi, azeite, sal, chicória e Pimenta Baniwa. Misturar tudo muito bem. Adicionar a farinha já hidratada.

FINALIZAÇÃO: Decorar com as 2 formigas e os brotos. Servir gelado

foto: © Felipe Schaedler

MERCADO

Foi durante um encontro dos artesãos responsáveis pela renomada cestaria de arumã baniwa, reunidos em assembleia em São José do Içana, em 2005, com a presença de técnicos do ISA, que idealizou-se comercializar a jiquitaia em novos nichos de mercado. A proposta era agregar mais um produto dentro da marca "Arte Baniwa" (WWW.ARTEBANIWA.ORG.BR), aproveitando-se da infraestrutura já desenvolvida para a sua produção e comercialização, diluindo custos operacionais e administrativos. Além disso, complementando seus benefícios sociais através da inclusão de um produto de alma feminina, o que na ocasião se tornava um imperativo diante das cobranças das mulheres baniwa em fazer parte do projeto Arte Baniwa.

Pimenta Jiquitaia Baniwa em prateleiras de São Paulo – no box do Instituto Atá do Mercado de Pinheiros (acima) e na Casa Santa Luzia (abaixo). Fotos: © Beto Ricardo/ISA

Diferentes cores de jiquitaia no mercado local de São Gabriel da Cachoeira.
© Roberto Linsker/Terra Virgem, 2013

A iniciativa Pimenta Baniwa visa fortalecer o sistema agrícola indígena através da consolidação da cadeia de valor de um símbolo desse sistema, as pimentas produzidas pelas mulheres nas roças e quintais agroflorestais da bacia do Rio Içana.

É um esforço de uma rede de parcerias que envolve o Instituto Socioambiental e a Organização Indígena da Bacia do Içana e gerido sob um Acordo de Cogestão com diversas associações de base, escolas e comunidades do rio Içana, num setor da Terra Indígena Alto Rio Negro (AM) que cobre três milhões de hectares de florestas tropicais altamente conservadas.

Obedecendo ao Plano de Negócios (Lima, 2010) a capacidade de produção vem sendo projetada de modo a não gerar pressões de demanda que alterem as atividades das comunidades, buscando-se a expansão horizontal da base produtiva, ou seja, a incorporação de mais beneficiárias como meio de expandir a produção e não o aumento da carga individual de trabalho. Para isso, a iniciativa vem consolidando uma Rede de Casas da Pimenta Baniwa distribuída pelo território tradicional deste povo, resultando na crescente melhoria da capacidade de oferta da iguaria a mercados do Brasil e do exterior.

A Jiquitaia foi selecionada por ter sido rapidamente identificada como produto que agrega, não apenas o conhecimento tradicional desse povo, mas também potencial de mercado e de impacto significativo sobre a renda familiar e o papel da mulher na sociedade Baniwa.

A Pimenta Baniwa já goza de excelente reputação no mercado local, incluindo São Gabriel da Cachoeira (AM), Mitu e San Felipe (Colômbia) e San Carlos e Maroa (Venezuela). Entretanto nem sempre isso é acompanhado de esquemas comerciais justos e que valorizem a dedicação e o esforço das mulheres envolvidas com a produção. Vendida em embalagens pet no saturado mercado local de São Gabriel da Cachoeira, sem rotulagem ou qualquer tipo de crédito às produtoras, o preço não alcança 1/3 do valor obtido em nichos especializados, como o mercado gastronômico, que reconhecem todas as suas especificidades.

Uma preocupação crescente relativa à desvalorização da roça, sobretudo desvalorização econômica de seus produtos, em toda a bacia do Rio Negro, é o desestímulo dos jovens em dar continuidade a esse sistema, comprometendo sua salvaguarda para as futuras gerações.

Nos últimos cinco anos, o ISA, a Oibi e a Foirn vêm promovendo a Pimenta Baniwa e o Sistema Agrícola Tradicional do Rio Negro junto a chefes de cozinha, especialmente através de eventos e visitas a São Gabriel da Cachoeira. A principal conquista da iniciativa é o fortalecimento da economia verde baniwa com um modelo *sui generis* de acesso a mercados justos pelos produtos da agricultura indígena, resultando em bem-estar e equidade de gênero, ganhos sociais e organizacionais, conservação e valorização da biodiversidade. Essa alternativa vem reduzindo a pressão por garimpo e outras atividades ilegais e degradadoras do meio ambiente e da qualidade de vida nas comunidades baniwa do rio Içana, estimulando a prática de roça entre os jovens e consolidando a marca Arte Baniwa como patrimônio coletivo dos Baniwa do Brasil, Colômbia e da Venezuela.

AS CASAS DA PIMENTA

As "Casas da Pimenta Baniwa" conformam uma rede, de construções e de gestão, oferecendo os espaços e utensílios adequados ao processamento, envaze e armazenamento da jiquitaia produzida a partir das pimentas cultivadas pelas mulheres das comunidades baniwa. A Rede de Casas da Pimenta cumpre papel importante para estabelecer pontes saudáveis e justas entre mercados de alto valor socioambiental agregado e as mulheres produtoras das comunidades indígenas.

A gerente Osinete Paiva envaza potinho de Jiquitaia na Casa da Pimenta Dzooro, em Tunuí Cachoeira. Beto Ricardo/ISA, 2013

As casas foram especialmente projetadas pelo arquiteto Almir de Oliveira e instaladas a partir da orientação de um conjunto de pesquisas sobre o processamento desta iguaria, sobre os requisitos estéticos, de estabilidade e de uso sustentável de materiais nas construções tradicionais baniwa, mas também para atender a exigências da Anvisa.

As Casas da Pimenta são responsáveis por agregar a produção das roças familiares, realizar um controle de qualidade e de fluxo de informações que

Projeto arquitetônico da Casa da Pimenta Baniwa. © Almir de Oliveira.

Primeira Casa da Pimenta, construída pela comunidade de Tunui Cachoeira, médio rio Içana.
© Beto Ricardo/ISA, 2013

permite o total rastreamento da cadeia e de seus benefícios socioambientais. Neste sentido, através do número do lote de cada potinho envazado na Casa da Pimenta, são organizadas, pelos gerentes de produção, informações como: origem da produção, tamanho do lote, nome das mulheres produtoras participantes do lote e suas comunidades, bem como as variedades de pimentas que foram usadas.

As Casas da Pimenta são responsáveis por:

- agregar a produção das roças familiares de uma determinada região de ocupação baniwa,
- organizar o processamento e estocagem, sob protocolo especial de produção para o mercado,
- realizar o controle de qualidade e de fluxo de informações que permite o total rastreamento da cadeia e de seus benefícios socioambientais.

A Casa da Pimenta Dzooroo, primeira a ser inaugurada, em 2013, está em Tunuí Cachoeira, território tradicional da fratria Dzawinai; a Casa da Pimenta Manowadzaro, inaugurada em 2014, está em Ucuqui Cachoeira, território tradicional da fratria Hoohodene; a Casa da Pimenta Pamáali e a Casa da Pimenta Tsitisiadoa, inauguradas em 2015, estão em território Waliperedakenai e na periferia multiétnica da cidade de São Gabriel da Cachoeira, na comunidade de Yamado.

Segunda Casa da Pimenta, construída pela comunidade de Ucuqui cachoeira, alto rio Ayari.

© Felipe Schaedler, 2015

Terceira Casa da Pimenta, construída pela comunidade escolar EIBC-Pamáali, no alto rio Içana. © Carolina Morelli, 2015

Quarta Casa da Pimenta, construída pela comunidade do Yamado nas cercanias de São Gabriel da Cachoeira. Marcelo Salazar/ISA, 2015

REDE DE CASAS DA PIMENTA BANIWA (situação em agosto de 2016)

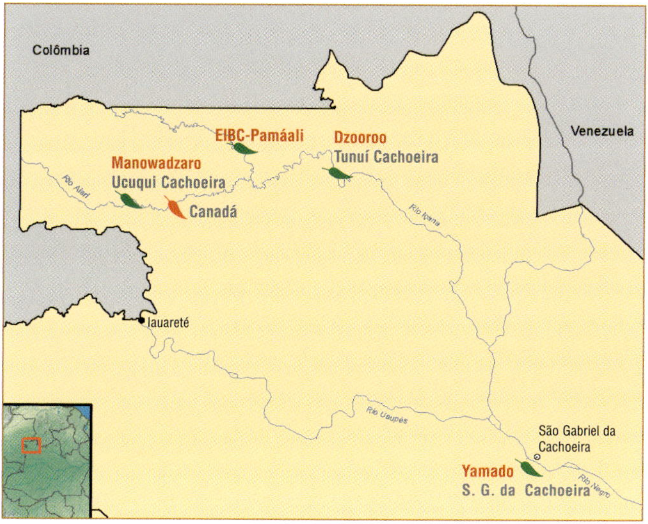

- A Casa situada na comunidade de Canadá ainda em acabamento.
- A Casa da comunidade do Yamado está defronte a cidade de S. Gabriel da Cachoeira.
- As demais comunidades com Casas da Pimenta distam de S. Gabriel mais ou menos 400 km por rio.

GESTÃO

Estas casas funcionam sob um protocolo de cogestão previamente acertado, estando sob a supervisão da comunidade e da associação comunitária da região onde está instalada, e também do ISA e da Oibi. Operacionalmente, funcionam sob a responsabilidade direta de uma dupla de Gerentes de Produção, obrigatoriamente um homem e uma mulher.

As Casas da Pimenta Baniwa também cumprem um papel importante para consolidar núcleos de gestão e empreendedorismo indígena que estabeleçam pontes saudáveis e justas entre as comunidades e mercados de alto valor socioambiental agregado. Funcionam como foco de agregação e animação de uma rede de jovens, mulheres e gestores indígenas, incluindo parceiros não-indígenas, conectados nas questões relevantes ao aprimoramento deste produto, bem como ao desenvolvimento tecnológico de inovações que levem à oferta de outros produtos do sistema agrícola tradicional das mulheres indígenas rionegrinas identificados como de potencial no Plano de Negócios (Lima, 2010).

O PROJETO E AS PARCERIAS

O projeto é executado através de uma parceria de longo prazo que envolve o ISA (Instituto Socioambiental), o Instituto ATÁ e a Oibi (Organização Indígena da Bacia do Içana), sendo gerido sob um Acordo de Cogestão com diversas associações de base, escolas e comunidades do rio Içana. A partir de 2014, na fase de ampliação da Rede de Casas da Pimenta, contou também com o apoio do Instituto Bacuri e Tides Foundation.

Ao final de 2015 o projeto contava com cerca de 30 parceiros comerciais espalhados por Amazonas, Roraima, Distrito Federal, Mato Grosso, Minas Gerais, Rio de Janeiro e São Paulo (https://www.facebook.com/PimentaBaniwa). E no rio Içana-acima, até então, foram 20 comunidades e 262 famílias beneficiadas com a renda e experiência geradas pela produção e comercialização de 10 mil potinhos de pimenta.

Os números de produção, vendas e valor de mercado da Pimenta Baniwa vêm ampliando-se em ritmo constante, à medida que novas Casas da Pimenta são inauguradas e novos parceiros comerciais sendo conquistados. Em 2015 foi realizada a primeira operação de exportação, para Amsterdã (Holanda), abrindo caminho para a adesão de novos parceiros internacionais.

GLOSSÁRIO

AATTI pimenta

AWAKARONAI/YOOPINAI espíritos da floresta

IIWI sal

JIQUITAIA palavra tupi para a mistura em pó de sal com pimenta

KALIDZAMAI ritual de benzimento da comida durante a iniciação dos jovens para a vida adulta

MITSIEDE (moquém) – pequeno jirau de secar ou defumar alimentos, como pimenta e peixe

ÑAPIRIKOLI herói mítico do povo baniwa

WALIMANAI a humanidade que habita o mundo atual

NOTA SOBRE A GRAFIA E PRONÚNCIA DAS PALAVRAS EM BANIWA (adaptado de Ramirez, 2001)

Henri Ramirez considera que existem três super-dialetos dentro do que ele chamou idioma baniwa-koripako. Estes seriam o dialeto setentrional, falado pelos "Curripaco" no Alto Rio Içana, no Rio Guainia e na cabeceira do Rio Cuiari; o dialeto Central, associado ao Içana (acima da missão de Assunção até a comunidade de Matapi) e seus afluentes Aiari e Cuiari; e o dialeto Meridional, falado em Victorino, no rio Guainia, já na Venezuela. As variações dialetais não impedem a mútua compreensão entre os falantes. Neste trabalho grafamos, em itálico, sobretudo termos do dialeto central associado aos clãs das fratrias Dzawinai, Hoohodene e Waliperedakenai.

O alfabeto Baniwa é constituído de 20 fonemas, sendo 4 vogais: a e i o e 16 consoantes: b d h k l m n ñ p r t ts dz tt y w:

- **a** e **i** pronunciam-se como em português;
- **e** pronuncia-se entre o 'e' fechado de 'ele' e o 'e' aberto de 'ela';
- **o** pronuncia-se entre u (como em português suco) e o fechado (de poço).
- oo pronuncia-se 'o'.
- **p**, **t**, **k**, **b**, **d**, **m**, e **n**, pronunciam-se como em português. No entanto, **t** e **d** nunca são palatizados, isto é, 'ti' 'te' 'di' e 'de' não devem ser pronunciados como 'tchi' 'tche' 'dji' ou 'dje';
- **tt** tem uma pronúncia típica do baniwa-koripako; este som é um tipo de **t** pronunciado com a lâmina da língua bem aplicada nos dentes superiores: compare a pronúncia de *íita* canoa (como em português) e *íitta* fumaça ou *aatti* pimenta (com a língua nos dentes);
- **ts** pronuncia-se como no inglês "cats";
- **dz**, pronuncia-se como em inglês 'ds' em "beds";
- **l** tem pronúncia entre o 'l' e o 'r' do português;
- **r** pronuncia-se como o 'j' do português, mas de modo retroflexo, com a ponta da língua dobrada para trás;
- **h**, **w** e **y** pronunciam-se como em inglês 'hat', 'water' e 'yes';
- **ñ** como em português 'nh' ou em espanhol 'ñ';
- **x** pronuncia-se como 'ch' no português chapéu.

FONTES

BARBOSA, R. I.; Luz, F. J. F.; Nascimento Filho, H. R.; Maduro, C. B.. 2002. Pimentas do Gênero Capsicum Cultivadas em Roraima, Amazônia Brasileira. Acta Amazônica 32(2): 177-132.

NASCIMENTO-FILHO, H.R.; Barbosa, R.I.; Luz, F.J.F. 2007. Pimentas do gênero Capsicum cultivadas em Roraima. II. Hábitos e formas de uso. Acta Amazonica, 37(4): 561-568.

OIBI/ABRIC/ISA/FOIRN, 2013. Relatório 1° Oficina de Gestão Casa da Pimenta Dzoroo/ Exercício de Co-Gestão em projeto no Içana - OIBI/ABRIC/ISA/FOIRN, 2013.

CUNHA, Antônio Geraldo da. 1924. Dicionário histórico das palavras de origem tupi/Antônio Geraldo da Cunha; prefácio-estudo de Antônio Houaiss. – 5. ed. – São Paulo: Companhia Melhoramentos; Brasília: Universidade de Brasília, 1999. Contém suplemento.

EMPERAIRE, L. and Pinton, F., 2001. Le manioc en Amazonie brésilienne: diversité variétale et marché. Genetique, Selection, Evolution, 33 (suppl. 1). S491-S512.

EMPERAIRE, Laure (org.). 2010. Dossiê de registro do Sistema Agrícola Tradicional do Rio Negro, ACIMRN / IPHAN / IRD / Unicamp-CNPq, Brasília, 235 p. (textos de Manuela Carneiro da Cunha, Laure Emperaire, Esther Katz, Ana Gita de Oliveira, Juliana Santilli, Lúcia Hussak van Velthem). on line http://www.iphan.gov.br

FRAGA, Olívia. 2011. Treze à mesa e a poderosa jiquitaia. O ESTADO DE S. PAULO. São Paulo, 25 a 31 de agosto de 2011. Caderno Paladar, p. 3.

GARNELO, M. L. 2002. Poder, hierarquia e reciprocidade: os caminhos da política e da saúde no Alto Rio Negro. (Tese de doutorado) Campinas: UNICAMP. 414p.

GARNELO, L., Baré G.B., (org.). 2009. Comidas tradicionais indígenas do alto rio negro. Manaus: Centro de Pesquisa Leônidas e Maria Deane, Fundação Oswaldo Cruz; 112 p.

HILL, Jonathann. 1993. Keepers of Sacred Chants. The Poetics of Ritual Power in an Amazonian Society. Tucson: The University of Arizona Press.

LACERDA, Adolfo de Barros Cavalcanti de Albuquerque. Presidente da Província do Amazonas. Relatório com que entregou a administração da província do Amazonas. 1865. p. 38.

LIMA, Paulo. 2010. Estudo Econômico-Financeiro da Pimenta Jiquitáia, terroir baniwa, Amazônia. OIBI/ISA/Estilo Gourmand/GOU food, branding e design, 103 p.

OLIVEIRA, Thiago Lopes da Costa. 2015. Os Baniwa, os artefatos e a cultura material no Alto Rio Negro / Thiago Lopes da Costa Oliveira. (Tese de doutorado) Rio de Janeiro: Universidade Federal do Rio de Janeiro, Museu Nacional. 481 p.

PERONI, N. and N. Hanazaki, 2002. "Current and lost diversity of cultivated varieties, especially cassava, under swidden cultivation systems in the Brasilian Atlantic forest." Agriculture, Ecosystems and Environment 92: 171-183.

PRESSE FRANCE. 2015. Estudo chinês indica que comida picante pode levar à longevidade.

CORREIO BRAZILIENSE. Brasília, 05 de agosto de 2015. Ciência e Saúde. on line http://www.correiobraziliense.com.br/app/noticia/ciencia-e-saude/2015/08/05/interna_ciencia_saude,493394/estudo-chines-indica-que-comida-picante-pode-levar-a-longevidade.shtml?utm_source=taboola&utm_medium=referral

RAMIREZ, Henri. 2001. Línguas Arawak da Amazônia Setentrional. Comparação e Descrição. Manaus: Editora da universidade do Amazonas.

REIFSCHNEIDER, F.J.B. (org). 2000. Capsicum: pimentas e pimentões no Brasil. EMBRAPA-Hortaliças, Brasília. 113p.

SILVA, Adeilson Lopes da. 2004. No Rastro da Roça: Ecologia, Extrativismo e Manejo de Arumãs (Ischnosiphon spp., Marantaceae) nas Capoeiras dos Índios Baniwa do Rio Içana, Alto Rio Negro. (Dissertação de Mestrado) – Manaus: INPA/UFAM, 2004. 131p. il.

SILVA A.L. (org). 2010. Pimentas na Bacia do Içana-Ayari: Relatório Técnico Final de Pesquisa - São Gabriel da Cachoeria: ISA/Oibi-FAPEAM. 38p. il.

STRADELLI, E. Vocabulário Português-Nheengatu, Nheengatu-Português. Cotia, SP. Ateliê Editorial. 2014. 536 p. (Edição de 1929 - Disponível on line em <http://etnolinguistica.wdfiles.com/local--files/biblio%3Astradelli-1929-vocabularios/stradelli_1929_vocabularios.pdf>)

WRIGHT, R. 1990. Guerras e Alianças nas Histórias dos Baniwa do Alto Rio Negro. Ciências Sociais Hoje. pg.217-36.

WRIGHT, R. M. 1996. "Aos que vão nascer" Uma etnografia religiosa dos índios Baniwa. (Tese de livre-docência) - Campinas: UNICAMP. 364p.

WRIGHT, R. 1993 Pursuing the spirit: semantic construction in Hohodene Kalidzamai chants for initiation. Amerindia, Paris, v.18, p.1-40.

IMPRESSÃO Stilgraf

TIRAGEM 3 mil exemplares